Título del Libro: Comprender y liberarse de la ansiedad.
Cómo Cultivar la Fortaleza Interna y Recuperar el Control de tu Vida

Autor: Nelson De la Quintana

Editorial: Supay Goodman

Fecha de Publicación: Marzo 2024

Las estrategias, metodologías y consejos presentados en este libro están basados en la investigación y experiencia profesional del autor. Este libro proporciona información y opinión personal del autor en el tema de la salud mental y la depresión para propósitos educativos y de orientación. No se pretende que este libro sea un sustituto del consejo, diagnóstico o tratamiento médico profesional. Los lectores deben consultar a un profesional de la salud mental o médico calificado en caso de que requieran tal asesoramiento o tratamiento.

El autor y la editorial no asumen ninguna responsabilidad por posibles daños que puedan surgir directa o indirectamente como resultado de la aplicación de cualquier información contenida en este libro. Además, las opiniones y puntos de vista expresados son exclusivamente los del autor y no necesariamente reflejan los puntos de vista de la editorial.

La información en este libro se provee "tal cual" y "como está disponible", sin garantías de ninguna clase, ya sean expresas o implícitas, incluyendo pero no limitado a garantías de comerciabilidad, adecuación para un propósito particular o no infracción de los derechos de terceros.

La reproducción no autorizada de este libro, o partes del mismo, también puede constituir una infracción penal y civil bajo la ley de derechos de autor aplicable.

Toda o parte de esta obra ha sido realizada, tratada o apoyada por una o varias IAs.

Información de Contacto de la Editorial:

Editorial Supay Goodman
+591 78828022
Supaygoodman@gmail.com

Encuéntranos en https://www.youtube.com/@Armoniza-

Bolivia

Sumérgete en un Viaje Profundo hacia la Resiliencia Mental.

Comprender y Liberarse de la ansiedad: Cómo Cultivar la Fortaleza Interna y Recuperar el Control de tu Vida .

"Comprender y Liberarse de la Ansiedad: **Estrategias para una Vida Serena**", con su subtitulo cautivador **"Cómo Cultivar la Fortaleza Interna y Recuperar el Control de tu Vida"**, es una exploración científica tan rigurosa como accesible de uno de los trastornos más prevalentes de nuestros tiempos: la ansiedad. El autor, un reconocido psicólogo y autoridad en la materia, nos lleva de la mano a través de las complejidades del cerebro humano, desentrañando cómo y por qué se desencadena la ansiedad. Mediante un lenguaje claro y abierto, y sobre todo, en un mar de ejemplos, estrategias y ejercicios prácticos. Este libro destaca por su habilidad para tejer la más reciente neurociencia con técnicas tradicionales y emergentes de manejo de ansiedad. Desde la respiración diafragmática hasta la terapia cognitivo-conductual, cada capítulo se enfoca en una herramienta distinta, explicando no solo cómo implementarla, sino también el porqué de su eficacia, respaldado por evidencia científica. A diferencia de otros textos sobre el tema, la obra no se queda en la teoría, sino que también plantea una mano extendida hacia la práctica, invitando al lector a tomar parte activa en su propio proceso de sanación. Los capítulos interactivos fomentan la reflexión y la autoevaluación, haciendo que este libro sea una guía personalizable para quien lo lea. ¿Qué lo hace ameno? Su autor hila las explicaciones con anécdotas y metáforas iluminadoras, ofreciendo una lectura tan entretenida como educativa. Espaciados por todo el libro, ilustraciones explicativas, simplifican la complejidad del tema y lo hacen digerible a una amplia audiencia.

En suma, "Comprender y Liberarse de la Ansiedad" es una obra indispensable para cualquiera que busque entender a fondo esta condición y encontrar una luz de esperanza y tranquilidad en la gestión de sus síntomas. Un compañero de cabecera para los que luchan con la ansiedad y para aquellos que simplemente desean vivir una vida más plena y serena.

TABLA DE CONTENIDO

1. Antes de comenzar.

Hola, bienvenido a este espacio de reflexión. Es valioso que te hayas permitido este tiempo para ti; considerarlo ya es un gran paso. Aquí, estás en un lugar seguro y abierto, diseñado para explorar tus pensamientos, emociones y comportamientos de una manera que te sea cómoda y constructiva.

Permíteme acompañarte en este proceso de autodescubrimiento y crecimiento. Como psicólogo, mi objetivo en con este pequeño texto es guiarte en la comprensión de la ansiedad. Recuerda siempre que es muy importante acudir a la ayuda de un profesional de la salud para obtener un diagnóstico adecuado a tu situación, el tratamiento más útil y el acompañamiento más eficaz. Por lo pronto este libro es un viaje de reflexión, información y crecimiento personal. Dar el primer paso hacia el autoconocimiento puede ser desafiante, pero es uno de los actos más valientes que se pueden emprender. Ya sea que busques un cambio, alivio, o simplemente un espacio para ser escuchado, este es tu tiempo para brillar y avanzar hacia el bienestar que mereces.

Es esencial abordar la ansiedad porque repercute profundamente en tu bienestar y tu capacidad para desenvolverte en la vida cotidiana. Entenderás esto al reconocer que la ansiedad no es solo un sentir pasajero, sino una señal de que tu cuerpo está intentando comunicarte que algo necesita atención. Primero, reflexiona en cómo la ansiedad influye en tu cuerpo. Puede causar síntomas como palpitaciones, sudoración y temblores, los cuales no son solo incómodos, sino que también pueden ser alarmantes y afectar tu salud física. Abordar la ansiedad ayuda a mitigar estos síntomas físicos, mejorando tu calidad de vida y evitando complicaciones de salud a largo plazo.

Además, piensa en los efectos que tiene en tu mente. La preocupación constante puede consumir tu concentración y memoria, haciendo que cada día sea un desafío. Abordar la ansiedad te permite recuperar el control de tus pensamientos y concentrarte en lo que es importante para ti, sea el trabajo, los estudios o tus relaciones personales.

Las relaciones con los demás también se benefician cuando abordas la ansiedad. Puede que te resulte más fácil comunicarte y conectarte con los demás cuando no estás abrumado por la ansiedad. Esto puede fortalecer tus lazos con amigos y familiares y permitirte establecer y mantener relaciones saludables.

Pero tal vez lo más convincente es cómo enfrentar la ansiedad te empodera y te ofrece herramientas para manejar los desafíos futuros. Aprender a reconocer y trabajar a través de momentos de ansiedad mejora tu resiliencia y te prepara para enfrentar con mayor serenidad y confianza las situaciones estresantes que inevitablemente surgen en la vida.

Abordar la ansiedad también puede ser un acto de autocuidado y amor propio. Te estás dando permiso para estar bien, para poner tus necesidades emocionales y mentales en primer plano. Este enfoque proactivo puede ser profundamente gratificante y liberador. Es crucial recordar que abordar la ansiedad no siempre significa hacerlo solo. Buscar apoyo, ya sea a través de terapia, grupos de apoyo o incluso conversaciones con amigos y familiares, es una acción valiente y un paso importante hacia el cuidado de ti mismo. En definitiva, al atender la ansiedad, no solo mejoras tu experiencia diaria, sino que también te construyes un camino hacia un futuro más tranquilo y controlado. Es, sin duda, una inversión invaluable en tu salud y felicidad a largo plazo.

Este libro está diseñado como una guía sencilla e informativa para comprender y superar la ansiedad. A través de sus capítulos, podrás aprender a identificar y manejar la ansiedad, mejorando así tu calidad de vida. Sí. Seguiré insistiendo esto a lo largo del libro, **ES IMPORTANTE ACUDIR A LA CONSULTA CON UN PROFESIONAL DE LA SALUD MENTAL** (Los libros a veces pueden interpretarse de diversas maneras y no siempre las correctas), entendido esto podemos empezar. Respira profundo y exhala.

2. ¿Qué es la ansiedad?

Imagina que estás frente a una montaña rusa. Esa mezcla de nerviosismo y anticipación, ese cosquilleo en el estómago; es una pequeña muestra de lo que es la ansiedad. Pero ¿sabías que la ansiedad también es una parte normal y a menudo sana de nuestra vida? Sí, así es. La ansiedad es ese estado natural de nuestro cuerpo que nos alerta ante peligros o desafíos, preparándonos para reaccionar. Es como la alarma interna que nos dice: "Oye, presta atención aquí". Pero, ¿qué pasa cuando ese estado, por alguna razón se hace errático, impredecible o simplemente se queda atascado en 'on', incluso cuando no hay peligro real? Hablamos entonces de una ansiedad que puede ir más allá de lo funcional, entrando en terreno que puede requerir atención.

"La ansiedad es un sentimiento de miedo, temor e inquietud. Puede hacer que sude, se sienta inquieto y tenso, y tener palpitaciones. Puede ser una reacción normal al estrés. Por ejemplo, puede sentirse ansioso cuando se enfrenta a un problema difícil en el trabajo, antes de tomar un examen o antes de tomar una decisión importante. Si bien la ansiedad puede ayudar a enfrentar una situación, además de darle un impulso de energía o ayudarle a concentrarse, para las personas con trastornos de ansiedad el miedo no es temporal y puede ser abrumadora."[1]

La buena noticia es que la ansiedad, aunque pueda parecer un monstruo de siete cabezas, es manejable y tratable. Y eso es precisamente lo que exploraremos en los siguientes capítulos. Así que, toma una respiración profunda, ya hemos dado el primer paso juntos en este viaje de conocimiento. Cuando hablamos de 'ansiedad', es importante diferenciarla del mero 'estrés'. Mientras que el estrés suele aparecer como

---

[1]   Ansiedad.   (2002). *Mental   Health   and   Behavior.* https://medlineplus.gov/spanish/anxiety.html

respuesta a un agente estresante concreto y suele disminuir cuando este desaparece, la ansiedad puede no tener una causa identificable o puede ser desproporcionada respecto a la situación que la desencadena.

> "La ansiedad es una sensación de nerviosismo, preocupación o malestar que forma parte de la experiencia humana normal. También está presente en una amplia gama de problemas de salud mental, incluyendo el trastorno de ansiedad generalizada, el trastorno de angustia y las fobias. Si bien cada uno de estos trastornos es diferente, todos presentan una aflicción y una disfunción específicamente relacionadas con la ansiedad y el miedo".[2]

---

[2] Barnhill, J. W. (s/f). *Introducción a los trastornos de ansiedad*. Manual MSD versión para público general. Recuperado el 28 de febrero de 2024, de https://www.msdmanuals.com/es/hogar/trastornos-de-la-salud-mental/ansiedad-y-trastornos-relacionados-con-el-estr%C3%A9s/introducci%C3%B3n-a-los-trastornos-de-ansiedad

En este libro, consideraremos la ansiedad desde una perspectiva comprensiva y te equiparemos con estrategias para manejarla. Hablaremos de cómo la ansiedad afecta al cuerpo y a la mente, cómo identificar tus desencadenantes personales y cómo desarrollar técnicas efectivas de afrontamiento. El objetivo es transformar ese 'sistema de alarma' que sientes, de uno que parece sonar sin razón, a uno que puedes comprender y gestionar adecuadamente. Básicamente, vamos a aprender a tener una conversación con ese amigo preocupado, a escucharlo cuando sea necesario, y también a tranquilizarlo, asegurándole que estamos a salvo y que podemos manejar la situación.

2.1 Tipos de ansiedad

La ansiedad viene en diferentes sabores. Y no, no son sabores divertidos como fresa o chocolate. Hay varios tipos, cada uno con sus matices.

- **Trastorno de ansiedad generalizada (TAG)** es como un constante murmullo de preocupación, incluso por cosas pequeñas.
- **Trastorno de pánico** puede ser visto como un trompazo de miedo intenso y síntomas físicos abrumadores que aparecen de golpe.
- **Fobia específica** es como tener un archienemigo, pero en forma de situación o cosa como, por ejemplo, las alturas o las arañas.
- **Trastorno de ansiedad social** es sentir que tienes un reflector sobre ti en situaciones sociales, y no en el buen sentido.
- **Trastorno obsesivo-compulsivo (TOC)** se caracteriza por pensamientos recurrentes (obsesiones) seguidos de comportamientos (compulsiones) que se hacen para calmar esos pensamientos.
- **Trastorno de estrés postraumático (TEPT)** suele seguir a un evento traumático, y es cuando alguien revive ese trauma repetidamente.

Te pido que pienses en la ansiedad no solo como un sentimiento o una emoción, sino como una experiencia multifacética que involucra tus pensamientos, sensaciones corporales y comportamientos. Puede llegar a sentirse como una preocupación constante, una tensión que no se va, o una inquietud interna que persiste incluso cuando no hay un desafío inmediato a la vista. Al entender la ansiedad de esta manera, reconocemos que no es una elección o signo de debilidad, sino una parte compleja de la experiencia humana.

Primero, tenemos los trastornos de ansiedad generalizada (TAG). Si te encuentras preocupándote constantemente por diversas cosas—sea tu salud, trabajo, familia o incluso preocupaciones menores—y esta preocupación es persistente, afectando tu vida diaria, es posible que estés experimentando TAG. La característica clave aquí es una sensación constante de preocupación o tensión que parece desproporcionada en relación con la causa.

Luego están los trastornos de pánico, que implican ataques repentinos y abrumadores de terror. Si alguna vez has sentido un miedo paralizante que surge de la nada, acompañado de síntomas físicos como palpitaciones, sudoración, temblores o incluso una sensación de desapego de la realidad, es posible que hayas experimentado un ataque de pánico.

La fobia social, o trastorno de ansiedad social, es otro tipo importante. Si las interacciones sociales te provocan ansiedad significativa, temor a ser juzgado o humillado en público, podrías estar lidiando con este trastorno. No es meramente timidez; hablamos de una ansiedad intensa que puede impedir la participación en eventos sociales o incluso la realización de tareas cotidianas en presencia de otras personas.

Las fobias específicas son temores intensos y desproporcionados ante objetos o situaciones particulares. Piensa en el miedo a las alturas, a ciertos animales o a volar. Estos miedos van más allá de una leve incomodidad y pueden provocar una evitación activa de la fuente de ansiedad.

El trastorno de ansiedad por separación se observa comúnmente en niños, pero también puede ocurrir en adultos. El miedo a estar lejos de casa o de las personas a las que están muy unidos puede ser paralizante.

Un tipo de ansiedad más centrado en el tiempo es el trastorno de estrés postraumático (TEPT), que puede seguir después de eventos traumáticos. Los síntomas incluyen flashbacks, pesadillas y ansiedad continua relacionada con el evento.

El trastorno obsesivo-compulsivo (TOC) también está estrechamente relacionado con la ansiedad. Si experimentas pensamientos obsesivos y realizas rituales compulsivos para calmar estos pensamientos, podrías estar lidiando con el TOC.

La ansiedad tiene muchas caras y comprenderlas es esencial para buscar el apoyo adecuado. Lo importante es recordar que hay caminos y opciones para el tratamiento y la gestión de cada uno de estos tipos. Si te ves reflejado(a) en alguna de estas descripciones, considera hablarlo con un profesional de salud mental que pueda guiarte hacia el camino de la tranquilidad y el control de tu vida. Tu estado de ánimo importa y merece la atención adecuada.

Intentemos sintetizar estas ideas en una tabla sencilla que nos mostrará el trastorno, sus síntomas o características y una breve nota sobre su severidad. La tabla no pretende ser un resumen completo ni siquiera la última palabra sobre cada trastorno, si no por el el contrario busca ser una referencia básica.

Trastorno	Síntomas/Características	Nota sobre la Severidad
Fobia Específica	<ul><li>Miedo inmediato al exponerse al objeto o situación específicos.</li><li>Evitación del estímulo fóbico.</li><li>Miedo o ansiedad desproporcionados al peligro real.</li></ul>	Generalmente más manejable, ya que las personas pueden evitar los desencadenantes y no suele afectar en gran medida el funcionamiento diario en general.

Trastorno	Síntomas/Características	Nota sobre la Severidad
Trastorno de Ansiedad Social (Fobia Social)	<ul><li>Miedo a situaciones sociales donde pueda haber escrutinio por parte de otros.</li><li>Miedo a la evaluación negativa.</li><li>Las interacciones sociales causan ansiedad, posiblemente llevando a la evitación.</li></ul>	La severidad puede variar, pero puede afectar significativamente las interacciones sociales y potencialmente llevar a impedimentos funcionales más amplios.
Trastorno de Pánico	<ul><li>Ataques de pánico recurrentes e inesperados.</li><li>Preocupación persistente por ataques adicionales. Cambios de comportamiento diseñados para evitar los ataques de pánico.</li></ul>	La naturaleza impredecible de los ataques de pánico puede ser debilitante; varía ampliamente en severidad.

Trastorno	Síntomas/Características	Nota sobre la Severidad
Trastorno de Ansiedad Generalizada (TAG)	• Ansiedad y preocupación excesivas más días que no. • Dificultad para controlar la preocupación. • Inquietud, fatiga, irritabilidad, trastornos del sueño.	La preocupación generalizada puede ser altamente discapacitante y afectar casi todos los aspectos de la vida; el TAG suele ser crónico.

Debo aclarar aquí que separar los trastornos de ansiedad por severidad puede resultar engañoso. Por ejemplo, el Trastorno de Pánico podría ser menos incapacitante para algunas personas en comparación con la preocupación generalizada del TAG en otros. De manera similar, alguien con una Fobia Específica muy circunstancial (como el miedo a las agujas) puede no encontrarlo incapacitante a menos que necesite tratamiento médico, mientras que para otros, podría causar un malestar significativo en la vida cotidiana. La severidad depende del contexto de la vida del individuo y de su propia resistencia, mecanismos de afrontamiento y sistemas de apoyo. En un entorno clínico, la severidad se evalúa de manera más específica mediante evaluaciones que consideran el grado de malestar e impedimento en el funcionamiento relacionado con cada trastorno. Además, independientemente de cómo intentemos clasificar estos trastornos en una tabla, es importante abordar a cada individuo con empatía y no cuantificar su malestar únicamente en función de categorías diagnósticas. Crear una jerarquía de la severidad de los problemas relacionados con la ansiedad no es sencillo porque las experiencias individuales varían drásticamente, y un trastorno puede ser leve para una persona pero incapacitante para otra.

La severidad se determina mejor por el impacto en el funcionamiento del individuo en lugar del tipo de trastorno.

2.2 SÍNTOMAS COMUNES

Los síntomas de la ansiedad pueden ser de tipo:

- **Físicos:** Como mariposas revolucionarias en el estómago, sudoración, taquicardia, y una sensación de tensión que no te suelta.
- **Emocionales:** Constante preocupación, irritabilidad, sensación de que algo malo está por suceder.
- **Conductuales:** Evitación de ciertas situaciones, compulsiones o rituales.
- **Cognitivos:** Dificultad para concentrarse, pensamientos negativos en bucle, problemas para tomar decisiones.

Es importante que sepas que sentir ansiedad de vez en cuando es algo normal. Sin embargo, las personas que experimentan trastornos de ansiedad pueden encontrarse a menudo luchando contra síntomas que afectan significativamente su bienestar. A continuación, detallo algunos de los síntomas más comunes:

- **Preocupaciones constantes y excesivas:** Te podrías encontrar pensando en problemas y preocupaciones, incluso en situaciones donde no haya una causa evidente, y esto puede afectar tu día a día.

- **Inquietud o sensación de estar 'al borde':** Puede que sientas una especie de nerviosismo que no puedes explicar o controlar, como si estuvieras esperando que algo malo suceda en cualquier momento.

- **Irritabilidad:** Los estados ansiosos pueden hacerte sentir más irritable o tenso en situaciones que normalmente no te molestarían.

- **Dificultades para concentrarse:** La ansiedad puede hacer que te sea difícil mantener el foco en tareas o actividades ya que tu mente podría estar ocupada con tus preocupaciones.

- **Tensión muscular:** A menudo, la ansiedad se manifiesta físicamente, con tensión en diferentes partes del cuerpo, especialmente en la espalda, los hombros y la mandíbula.

- **Fatiga:** Aunque parezca contradictorio, por la constante activación del modo de alerta en tu cuerpo, la ansiedad puede llevarte a sentirte más cansado de lo habitual.

- **Problemas para dormir:** Desde tener dificultad para conciliar el sueño hasta despertar frecuentemente en la noche o muy temprano en la mañana.

- **Alteraciones gastrointestinales:** Pueden presentarse problemas como gastritis, inflamación, síndrome de intestino irritable, entre otros.

- **Taquicardia o palpitaciones:** Un corazón que late más rápido de lo normal es otra señal común de ansiedad.

- **Sudoración, temblores o mareos:** Son síntomas físicos que a menudo acompañan los episodios de ansiedad intensa, como los ataques de pánico.

Lo digo, lo repito e insisto, si estás experimentando algunos de estos síntomas de manera recurrente y están interfiriendo con tu vida cotidiana, es aconsejable que consideres buscar la ayuda de un profesional. Terapias como la cognitivo-conductual han demostrado ser muy efectivas para manejar la ansiedad, y existen estrategias y técnicas que pueden ayudarte a llevar una vida más plena y tranquila. Recuerda, pedir ayuda es una muestra de fortaleza, y estás dando un paso valiente hacia tu bienestar. Para que sea más fácil entender aquí tienes una tabla simple que indica algunos trastornos de ansiedad y sus síntomas comunes:

Tipo de Síntoma	Descripción
Físicos	• Mariposas revolucionarias en el estómago. • Sudoración. • Taquicardia. • Sensación de tensión persistente.
Emocionales	• Constante preocupación. • Irritabilidad. • Sensación de que algo malo está por suceder.
Conductuales	• Evitación de ciertas situaciones. • Compulsiones o rituales como respuesta a la ansiedad.
Cognitivos	• Dificultad para concentrarse. • Pensamientos negativos en bucle. • Problemas para tomar decisiones.

Es importante recordar que esta tabla es una simplificación y que cada persona puede experimentar la ansiedad de manera diferente. Además, los síntomas pueden solaparse entre diferentes trastornos y siempre es recomendable consultar a un profesional de la salud mental para obtener un diagnóstico preciso.

3. Factores que contribuyen a la ansiedad

3.1 FACTORES GENÉTICOS.

Para empezar, cuando hablamos de factores genéticos, nos referimos a aquellas características heredadas que recibimos de nuestros padres mediante los genes. Los genes actúan como las instrucciones que guían el desarrollo y el funcionamiento de tu cuerpo. Muchos componentes de quién eres, como el color de tus ojos, tu altura y, en cierta medida, tu susceptibilidad a ciertas enfermedades, pueden estar influenciados por esta información genética.

Dicho esto, los factores genéticos pueden tener un papel en la predisposición a ciertas condiciones de salud, incluyendo enfermedades como la diabetes, afecciones cardíacas, y sí, también algunos trastornos relacionados con la salud mental, como la ansiedad. Pero recuerda, tener una predisposición genética no significa que se desarrolle de forma inevitable una condición. Es como tener una mayor probabilidad, pero no es una certeza.

Si piensas en tu genética como una especie de mapa, este te da pistas sobre dónde podrías tener que prestar más atención en términos de salud. En el caso de la ansiedad, por ejemplo, si sabes que hay varios miembros en tu familia que han lidiado con trastornos de ansiedad, eso podría indicarte una tendencia genética. Sin embargo, los genes interactúan con el ambiente – tus experiencias de vida, tu entorno, tus hábitos – y estas interacciones son cruciales. Piensa en ello como una danza entre tus genes y tu ambiente; ambos guían el espectáculo que es tu vida y salud.

Investigaciones científicas han identificado variantes genéticas relacionadas con un incremento en el riesgo de desarrollar trastornos de ansiedad en algunas personas.[3] Pero la ciencia también nos dice que la genética no es el único actor en esta historia. Por eso, aunque los antecedentes familiares y los factores genéticos nos dan información importante, también es fundamental considerar otros factores como tu estilo de vida, manejo del estrés y apoyo emocional.

---

[3] Torrades Oliva, S. (2004). Ansiedad y depresión. Evidencias genéticas. *Offarm, 23*(3), 126–129. https://www.elsevier.es/es-revista-offarm-4-articulo-ansiedad-depresion-evidencias-geneticas-13059415

Es posible que en el futuro, conforme avance la ciencia, disposiciones genéticas específicas sean más fácilmente identificables, lo que podría permitir intervenciones más personalizadas. Hasta entonces, es importante saber que aunque los genes juegan su papel, tenemos influencia sobre muchos otros factores que pueden mejorar nuestro bienestar general.

Los factores genéticos juegan un papel importante en la probabilidad de que desarrolles un trastorno de ansiedad. Imagina que tus genes son como un mapa que influye en cómo se construye y funciona tu cuerpo, incluida tu salud mental. Este mapa no determina cada paso que darás en la vida, pero sí puede sentar las bases para distintas posibilidades.

Si tienes familiares cercanos que han lidiado con la ansiedad u otros trastornos de salud mental, podrías tener un mayor riesgo genético de experimentar algo similar. Es como si heredaras elementos de un rompecabezas que pueden encajar de ciertas maneras para dibujar lo que podría ser una mayor susceptibilidad a desarrollar ansiedad.

Ahora bien, tener estos genes no significa que la ansiedad es inevitable. Científicos han encontrado que varios genes, no uno solo, están implicados, y cada uno contribuye solo con un pequeño efecto individual. Además, los genes interactúan entre sí y con el ambiente. Eso quiere decir que tus experiencias de vida, tus estrategias de afrontamiento, y tu entorno pueden alterar de manera significativa cómo los rasgos genéticos afectan tu salud mental.

Ahora, identificar genes específicos relacionados con la ansiedad es complejo y todavía es objeto de investigación, pero los avances en la genética y la psiquiatría han comenzado a revelar algunos vínculos. Por ejemplo, ciertos estudios genéticos han sugerido que variaciones en genes que involucran los sistemas de neurotransmisores del cerebro—esos son los mensajeros químicos que ayudan a las neuronas a comunicarse—pueden estar asociados con un mayor riesgo de ansiedad.

Entender esta predisposición genética es valioso porque nos abre puertas para cuidar mejor nuestro bienestar. Si sabemos que tenemos una predisposición genética a la ansiedad, podemos tomar pasos activos hacia la prevención o manejo temprano, como aprender técnicas de manejo del estrés, mantener una dieta equilibrada y un estilo de vida saludable, y buscar apoyo profesional si lo necesitamos.

Así que recuerda, los genes son solo una parte de la historia. Tú tienes un papel activo en cómo gestionas tu bienestar y salud mental, y hay muchas estrategias y apoyos disponibles que pueden hacer una gran diferencia.

Imagínate que tu cuerpo es como una receta de cocina ancestral, pasada por generaciones, y los ingredientes son tus genes. Al igual que en una receta, algunos ingredientes pueden influir en el sabor final del plato, tus genes pueden afectar tus tendencias a sentir ansiedad.

En el mundo de la genética, hay genes específicos que son como los especiales condimentos de esa receta que pueden hacer más fuerte el sabor de la ansiedad. Por ejemplo, hay un gen llamado SLC6A4, que está involucrado en cómo tu cuerpo maneja una sustancia llamada serotonina, la cual afecta tu estado de ánimo. Si esta parte de tu receta genética es un poco diferente (como si hubieras usado hierbas frescas en lugar de secas), podrías ser más susceptible a la ansiedad.

Ahora, piensa en las grandes dinastías históricas, como los Tudor en Inglaterra. Imagina que la ansiedad es una característica que pasa a través de la línea de sucesión, similar a cómo los rasgos genéticos se heredan en una familia. No todos los miembros de la familia real tendrían la misma intensidad de ansiedad (o el mismo poder), pero la herencia genética podría hacer que la propensión a la ansiedad sea más común en esa línea familiar.

En la música, considera cómo ciertos compositores o músicos son influenciados por aquellos que vinieron antes de ellos. Si nuestro "gen de la música" influyera en cómo nos expresamos artísticamente, entonces podríamos decir que ciertos rasgos musicales se "heredan" en estilos o escuelas de composición. De manera similar, ciertas predisposiciones a la ansiedad pueden pasar de generación en generación, aunque el ambiente y experiencias de vida también afinan la "melodía" de cómo se manifiesta esa ansiedad.

Es como si la genética diera la base de la música –un leitmotiv– pero luego cada músico (persona) improvisa o añade su toque personal basado en sus experiencias de vida, creando así una pieza única. Así, aunque lleves los genes para la ansiedad, tus experiencias, el ambiente en el que te desarrollas y cómo aprendes a manejar tus emociones, son como esos ensayos y sesiones de práctica que te ayudan a controlar y modificar esa "melodía" ansiosa.

Recuerda, heredar una propensión genética a la ansiedad no significa que la ansiedad sea inevitable. Igual que un chef puede ajustar la receta para mejorar el plato, hay estrategias y terapias que pueden ayudarte a gestionar la ansiedad, a pesar de tus predisposiciones genéticas. ¡Lo importante es encontrar la armonía en tu propia sinfonía de la vida!

3.2 Factores ambientales

Imagina por un momento que estás como un personaje en un libro de historia, envuelto en la agitación de un momento importante. Piensa en la Revolución Industrial, por ejemplo. El ruido constante de las fábricas, el hacinamiento en las ciudades y el ritmo frenético de vida. Todo eso podría hacerte sentir abrumado y ansioso, ¿verdad? Pues esa sensación es una respuesta natural a un medio ambiente caótico y sobrecargado, tanto en el siglo XIX como ahora.

Ahora, trasladémonos a la cocina, un lugar lleno de aromas y sabores, pero que también puede ser una fuente de estrés. Imagina que estás preparando una cena importante. Tienes el tiempo contado, el horno está a toda marcha, y las cacerolas burbujean al compás de un reloj que parece acelerarse. Si algo sale mal, ¿no sentirías un pico de ansiedad? El calor, el ruido y la presión de tiempo son factores ambientales que pueden encender la chispa de la ansiedad en la cocina.

Por último, pensemos en la música. Si alguna vez has estado en un concierto de rock con guitarras estridentes y bajos potentes que hacen vibrar el suelo, sabrás que aunque es emocionante, también puede ser abrumador para algunos. Esto se contrasta con la serenidad de una pieza de música clásica como un concierto para piano de Mozart, que puede ser mucho más calmante. La música afecta nuestra emocionalidad y, dependiendo de su intensidad y ritmo, puede ser un factor ambiental que modula la ansiedad.

Hablemos del 'clima' de tu vida diaria. ¿Estás constantemente bajo la 'tormenta' de un jefe exigente o el 'clima impredecible' de una relación inestable? ¿O quizás te falta el 'sol' de experiencias gratificantes y victorias personales? Al igual que el tiempo climático influye en cómo nos vestimos y nos sentimos, el ambiente psicosocial afecta a nuestro estado de ánimo y niveles de tensión.

De igual modo, el sonido de la música puede tener efectos sorprendentes en nuestra mente. Una melodía puede levantarte el ánimo o hacerte sentir nostálgico. Del mismo modo, los sonidos de tu entorno pueden actuar como una banda sonora subyacente a tu estado anímico. El ruido constante del tráfico, por ejemplo, podría estar agudizando tu ansiedad sin que siquiera te des cuenta.

Es hora de ajustar las velas y dirigirnos hacia una vida donde la ansiedad no gobierne las olas.

Pero aquí viene una nota de esperanza: **incluso el bosque más dañado puede sanar.**

Con el apoyo adecuado, como terapia, resiliencia individual, y estrategias de afrontamiento, puedes aprender a manejar estos recuerdos y las respuestas emocionales que provocan.

Ahora, pensemos en la cocina como una metáfora. Después de quemar un platillo, aprendes nuevas técnicas para evitar que se repita el problema. De manera similar, después de una experiencia traumática, la terapia cognitiva conductual y otras estrategias pueden enseñarte a 'cocinar' tus pensamientos de manera diferente, reduciendo la ansiedad.

Considera los tiempos de guerra. Durante la Segunda Guerra Mundial, la constante amenaza de ataques, la escasez de recursos y la pérdida de seres queridos generaron niveles altos de ansiedad en la población. El ambiente de incertidumbre y peligro era un caldo de cultivo para el estrés crónico, afectando la salud mental de millones.

La cocina puede parecer mundana, pero está cargada de significado cultural y personal. La ansiedad puede surgir cuando hay una presión por preparar una comida perfecta para un evento, o si se está cocinando algo fuera de nuestra zona de confort, potencialmente desencadenando el temor al fracaso o la crítica. Además, el acto de cocinar en un entorno caótico o desorganizado puede aumentar la ansiedad.

La música tiene un poderoso impacto emocional. La ansiedad puede manifestarse cuando hay presión para actuar en público, como en el caso de los músicos antes de un concierto. Históricamente, los músicos han reportado lo que se conoce como "miedo escénico". Además, ciertos tipos de música pueden evocar ansiedad a través de su tempo, letra o melodía, lo cual puede estar conectado con experiencias personales o con el ambiente cultural en un momento dado.

Estos ejemplos de la historia, la cocina y la música demuestran cómo los factores ambientales han contribuido a la ansiedad a lo largo del tiempo y en distintos contextos. Considerándolos en tu libro, ofreces una perspectiva rica y multidimensional sobre cómo la ansiedad puede trenzarse con los hilos de nuestra vida cotidiana y los eventos globales más amplios.

Considera a Winston Churchill durante la Segunda Guerra Mundial. Como Primer Ministro del Reino Unido, vivió bajo una presión inimaginable. La amenaza constante de las bombas nazis, la responsabilidad de proteger a su nación y la tarea de inspirar valor en su pueblo, se entrelazaban para crear una tormenta perfecta de ansiedad y estrés descomunal. A pesar de esto, Churchill mostró una fachada de determinación inquebrantable. Su capacidad para manejar esa tensión y convertirla en un llamado a la acción se refleja en discursos históricos que galvanizaron a un país bajo asedio. Su experiencia es un testimonio de cómo influencias ambientales extremas pueden forjar un liderazgo resiliente a través de la adversidad.

Imagina que estás caminando por una acera muy concurrida. Las personas van y vienen, cada una sumida en sus propios pensamientos y agendas. Ahora, piensa en cómo cada uno de nosotros, como esas personas en la acera, enfrentamos a diario incontables expectativas sociales. Ser exitoso, estar siempre conectados, mantener un cierto estatus... la lista sigue. Y tú, justo en medio de esta multitud, puedes sentir que te pesan sobre los hombros.

Las presiones sociales son como esa corriente constante de gente: te empujan, te jalan, y a veces te obligan a ir en direcciones que quizás no habías planeado. Navegar por este mar de expectativas puede ser tan agotador como intentar mantener una sonrisa en una reunión social después de un largo día de trabajo. Se espera que tengas un buen empleo, una familia perfecta, una vida social activa, y todo ello a menudo se encuentra bajo el escrutinio implacable de las redes sociales, donde solo se muestra la cara más feliz y más exitosa de las personas.

Ahora, pregúntate: ¿Cómo te afectan estas presiones? Tal como el estrés puede acelerar el pulso, estas expectativas pueden acelerar tu mente, te mantienen despierto por la noche y a veces, incluso pueden desencadenar esa punzante sensación de ansiedad.

El estrés no es solo una palabra; es una reacción física y psicológica a las demandas de la vida. Y las presiones que vienen de la sociedad, bueno, son como esas llamadas telefónicas que nunca solicitaste pero que siguen llegando. Toman forma de comparaciones, competencias e incluso de los sutiles "deberías" que escuchas a diario.

Pero aquí está la parte crucial: tienes el poder de colgar el teléfono. Tienes el poder de decidir cuánto dejas que estas expectativas te afecten. Imagina poner esos "deberías" en silencio y en su lugar, sintonizar con tu propia música, esa que define quién eres y lo que de verdad quieres ser.

Entonces, respira hondo. Párate firme como si estuvieras enraizado en esa acera. Y recuerda que a pesar de las presiones, tú eres quien define tu propio paso, estableces tus propios límites y creas la melodía a la cual bailarás tu vida. La sociedad puede sugerir la música, pero el baile que elijas, amigo mío, es enteramente tuyo.

Reflexionemos sobre la historia de Helen Keller, una figura que atravesó las aguas turbulentas de la adversidad para emerger como un emblema de resistencia. Nacida a finales del siglo XIX, Helen fue azotada por una enfermedad desconocida a una edad temprana, lo que resultó en la pérdida de su vista y audición. Estas discapacidades profundas prepararon el escenario para una vida que podría haber estado confinada a la oscuridad y el silencio, similar a una plántula tratando de crecer en la sombra de árboles imponentes, privada de luz solar. Sin embargo, la historia de Helen tomó un giro notable cuando su maestra, Anne Sullivan, entró en su vida. Juntas, rompieron las barreras de la comunicación, mucho como un jardinero persistente que cuida esa plántula sombreada hasta que encuentra su camino hacia los rayos nutritivos del sol. El mundo de Helen, una vez silencioso y oscuro, comenzó a florecer con las ricas texturas del lenguaje y la comprensión. Su eventual dominio de varios modos de comunicación, incluyendo el Braille y el alfabeto manual, es como un chef descubriendo nuevos ingredientes exóticos que abren un mundo de posibilidades culinarias. Los logros académicos de Helen fueron como un maestro componiendo una sinfonía, superando la disonancia con armonía y creando inspiración donde antes había silencio.

La vida de Helen Keller se convirtió en un testimonio del espíritu humano indomable y su capacidad para superar obstáculos casi inimaginables. Su defensa y activismo por los derechos de las personas con discapacidad remodelaron las percepciones sociales, al igual que cómo un poderoso movimiento musical puede cambiar el curso de una pieza o cómo un árbol resistente da forma al paisaje mismo. En cada lucha que enfrentó, encontró formas de adaptarse y prosperar, y su legado permanece como un poderoso recordatorio de que incluso en nuestros momentos más oscuros, hay potencial para el crecimiento y la transformación. Su trayectoria ilustra que el espíritu humano, nutrido por la determinación y el apoyo adecuado, no solo puede soportar, sino también ascender a grandes alturas, transformando los desafíos en triunfos a través del poder de la resiliencia.

Las circunstancias iniciales de Helen, marcadas por la pérdida de la vista y la audición debido a una enfermedad temprana, podrían haber sido un caldo de cultivo para la ansiedad, similar a una plántula que intenta crecer en la sombra pero puedo superarlas y seguramente tú también podrás.

En conclusión, los factores ambientales tales como el ruido, la sobrecarga sensorial, y las demandas apremiantes del tiempo pueden contribuir a la ansiedad. Es como estar en medio de una historia intensa, maniobrando en una cocina ocupada o perdido en un concierto de música en directo: cada entorno tiene su propia forma de influir en nuestra sensación de bienestar. Entender esto es clave para aprender a manejar la ansiedad y encontrar nuestro propio ritmo en la danza de la vida.

4. Impacto de la Ansiedad en la Salud Mental y Física

4.1 Así te afecta

La ansiedad es parte inherente de la experiencia humana y una reacción natural ante situaciones de estrés o incertidumbre. Sentir ansiedad en momentos puntuales, como frente a un compromiso importante o ante un cambio significativo en nuestras vidas, es completamente normal y, en cierto modo, es un mecanismo que nos ayuda a estar alerta y preparados para afrontar retos.

Sin embargo, la ansiedad deja de ser una aliada cuando se transforma en una constante que invade cada aspecto de nuestra cotidianidad, provocando un estado de alerta crónico y desproporcionado ante las circunstancias que vivimos. Este tipo de ansiedad persistente puede desencadenar una cadena de efectos negativos que afectan la salud mental y, a su vez, se reflejan en nuestra salud física.

Cuando la ansiedad se instala en nuestras vidas con intensidad y frecuencia, consume nuestros recursos emocionales, agotando la energía y la capacidad de concentración necesarias para enfrentar el día a día. Así, pequeñas preocupaciones se magnifican, convirtiéndose en fuentes de estrés excesivo que pueden desembocar en trastornos de ansiedad, como el trastorno de ansiedad generalizada, ataques de pánico, fobias específicas, entre otros.

En el plano físico, la ansiedad crónica puede desencadenar síntomas como tensión muscular, fatiga, dolores de cabeza, alteraciones en el sueño, y problemas digestivos. A largo plazo, estar en un estado constante de tensión y vigilancia puede incrementar el riesgo de padecer enfermedades cardiovasculares, afecciones dermatológicas, y un deterioro en el sistema inmunitario, haciendo al cuerpo más susceptible a enfermedades.

Es fundamental reconocer que cuidar la salud mental es tan importante como cuidar la salud física. Tomar conciencia de cómo la ansiedad puede influir en nuestra vida nos permite buscar estrategias y apoyo profesional para gestionarla adecuadamente, mantenerla bajo control y preservar nuestro bienestar general.

4.2 CONSECUENCIAS EMOCIONALES

Es importante reconocer que vivir con ansiedad crónica puede ser una experiencia desafiante que, sin la debida atención, puede desencadenar una serie de consecuencias emocionales que afectan profundamente tu bienestar general.

El deterioro del bienestar emocional es una consecuencia significativa de la ansiedad crónica. Cuando te encuentras en un estado persistente de preocupación o temor, es común que la autoestima se vea comprometida. Puedes empezar a dudar de ti mismo y de tu capacidad para manejar situaciones diarias, lo que, a su vez, afecta tu disposición a intentar nuevas experiencias y disfrutar de las actividades cotidianas. La ansiedad puede generar una lente distorsionada a través de la cual interpretas eventos y desafíos, haciendo que parezcan más amenazantes y, por lo tanto, que te sientas menos capaz de enfrentarlos.

Además, hay una relación estrecha entre la ansiedad y la vulnerabilidad a trastornos del estado de ánimo como la depresión. La investigación sugiere que las personas con ansiedad crónica tienen un riesgo más alto de desarrollar depresión. Este riesgo puede estar relacionado con la manera en que la ansiedad altera ciertos procesos neurobiológicos y cognitivos, y cómo afecta las actividades diarias y las relaciones interpersonales. La sensación constante de estar en un estado de alerta puede acabar agotando tus recursos emocionales, dejándote susceptible a sentimientos de desesperanza y desmotivación, característicos de la depresión.

Por otro lado, la ansiedad puede perturbar significativamente tanto el sueño como la concentración. La mente inquieta, a menudo luchando con pensamientos intrusivos y preocupaciones, puede impedir que se alcance un estado de relajación necesario para dormir bien. Un sueño reparador es fundamental para el funcionamiento cognitivo y emocional, y sin él, podrías sentirte aún más ansioso y menos capaz de gestionar el estrés. Este ciclo de sueño insatisfactorio y ansiedad puede ser particularmente perjudicial.

En cuanto a la concentración, la ansiedad consume recursos cognitivos que de otro modo se utilizarían para enfocarse en tareas y resolución de problemas. Esto puede generar un impacto en tu rendimiento laboral o académico, y en las actividades del día a día que requieren atención sostenida. Es como si tu mente estuviera constantemente dividida entre tus preocupaciones y las tareas en cuestión, lo que evita que te sumerjas completamente en lo que estás haciendo. En consecuencia, puede que sientas que tu eficiencia y efectividad se ven mermadas, lo que alimenta aún más la ansiedad y la sensación de incompetencia.

Desde luego, quiero que sepas que la ansiedad crónica no solo se manifiesta con una preocupación constante o nerviosismo, sino que también puede tener consecuencias emocionales muy profundas. Por ejemplo, podría notarse un impacto significativo en tu bienestar emocional. Es posible que sientas que tus emociones son más difíciles de controlar y que reaccionas más intensamente a situaciones que antes no te afectaban tanto.

En cuanto a la autoestima, la ansiedad puede hacer que dudemos de nosotros mismos y de nuestras capacidades. Es posible que te encuentres pensando negativamente sobre ti mismo y cuestionando tus logros. Esto puede llevar a evitar situaciones o retos por miedo a fallar, lo cual a su vez refuerza el ciclo de la ansiedad.

La ansiedad también puede robar el placer de las actividades diarias. Esto sucede porque es difícil estar presente y disfrutar del momento cuando tu mente está preocupada por el futuro o atrapada en el pasado. Es importante reconocer cuando esto ocurre y trabajar para centrar tu atención en el presente, tal vez mediante prácticas como la meditación o la atención plena (mindfulness).

Además, la ansiedad puede ser un factor predisponente para trastornos del estado de ánimo como la depresión. La interacción constante con pensamientos ansiosos puede disminuir tu capacidad para experimentar alegría y satisfacción, lo que contribuye al desarrollo de síntomas depresivos. Es esencial estar atento a estos signos y buscar ayuda si los experimentas.

En el aspecto físico, la ansiedad puede interrumpir tu patrón de sueño. Puede ser que te cueste conciliar el sueño o que te despiertes frecuentemente durante la noche. La falta de un sueño reparador, a su vez, puede afectar tu capacidad de concentración y de realizar tareas, lo que puede generar más estrés y ansiedad.

Es fundamental que entiendas que no estás solo en esto y que hay maneras de manejar la ansiedad para reducir su impacto en tu vida emocional. Estrategias como la terapia cognitiva-conductual, ejercicios de relajación, y en algunos casos, medicación, pueden ser muy eficaces. También es importante cuidar tu salud física mediante una buena nutrición, ejercicio regular y evitar sustancias que puedan aumentar tus niveles de ansiedad, como la cafeína y el alcohol.

Es crucial, entonces, abordar la ansiedad con estrategias efectivas, ya sea a través de terapia, técnicas de relajación, ejercicio físico, o posiblemente medicación, bajo la supervisión de un profesional de la salud. Al aprender a gestionar tu ansiedad, puedes mejorar tu calidad de vida, recuperar el placer en las actividades diarias y fortalecer tu salud emocional. Recuerda, buscar ayuda es un signo de valentía y el primer paso hacia la recuperación.

4.3 Efectos en el Cuerpo

Primero, hablemos de las respuestas fisiológicas al estrés. Imagínese confrontando una amenaza inmediata, quizás un animal salvaje; su cuerpo desencadena una reacción llamada "respuesta de lucha o huida". Esta respuesta es esencial para la supervivencia, ya que prepara el cuerpo para defenderse o escapar del peligro. Cuando usted experimenta ansiedad, su cuerpo puede activar esta misma respuesta: el corazón late más rápido, la respiración se acelera y los músculos se tensan. Aunque no haya un peligro real e inminente, su cuerpo reacciona como si lo hubiera, y esta reacción física puede ser agotadora.

A largo plazo, la ansiedad continua puede ser perjudicial para su salud. Cuando la respuesta de lucha o huida se activa repetidamente debido a la ansiedad crónica, puede contribuir al desarrollo de enfermedades cardíacas, debido al aumento constante de la presión arterial y la frecuencia cardíaca. Además, puede haber implicaciones para su sistema digestivo, incluyendo problemas como el síndrome del intestino irritable o gastritis. La ansiedad también puede influir en su peso, ya sea por los cambios en los hábitos alimentarios o por la forma en que su cuerpo procesa y almacena la energía en situaciones de estrés.

Por último, es importante reconocer cómo el estado de alerta constante asociado a la ansiedad puede llevar a una fatiga generalizada. Su cuerpo está funcionando en un nivel elevado de alerta como si estuviera siempre 'encendido', y este gasto de energía puede ser extenuante. A largo plazo, esto puede incluso agravar condiciones de dolor crónico, ya que la tensión muscular continuada y el estrés pueden intensificar la percepción del dolor.

Imagina que estás en la cocina preparando una receta nueva que te entusiasma. De repente, sientes que algo se quema. Tu reacción inmediata es apagar el fuego, retirar la sartén, abrir las ventanas. Esa activación rápida es similar a la "respuesta de lucha o huida" del cuerpo ante el estrés. Cuando percibes una amenaza —una presentación importante, una entrevista de trabajo, o incluso una situación social intimidante— tu cuerpo se prepara para enfrentarla o huir de ella. Las hormonas del estrés, como la adrenalina y el cortisol, inundan tu sistema, aumentando tu ritmo cardíaco, presión arterial y respiración. Estas respuestas fisiológicas son útiles a corto plazo, permitiéndote responder eficazmente a situaciones difíciles.

Ahora, imagina que la alarma de humo de la cocina se dispara constantemente, incluso con la mínima señal de humo al tostar pan. Ese exceso de alerta es lo que sucede con la ansiedad crónica en tu cuerpo. Con el tiempo, vivir en ese estado de alerta puede contribuir al desarrollo de problemas de salud. Al igual que una melodía que se reproduce constantemente en un volumen excesivamente alto puede dañar tus oídos, la exposición repetida al estrés puede afectar tu corazón, aumentando el riesgo de hipertensión y enfermedad cardíaca. Asimismo, puede perturbar el sistema digestivo, provocando síntomas como dolor abdominal, diarrea o estreñimiento — es como si tu cuerpo estuviera tan ocupado respondiendo al estrés que no puede digerir la comida correctamente.

Y no olvidemos el peso. Al igual que en la música, donde el ritmo y el balance son clave, en tu cuerpo es importante mantener un balance en la ingesta de alimentos y en la energía que gastas. La ansiedad puede alterar este delicado equilibrio, llevando a comer en exceso o a limitar demasiado la ingesta de alimentos como forma de manejar el estrés, lo que puede resultar en fluctuaciones de peso.

Piensa en la fatiga y el dolor crónico como un ejército que ha estado en guardia durante demasiado tiempo. Eventualmente, los soldados se cansan y su rendimiento decrece. Así funciona nuestro cuerpo; tras períodos prolongados de alerta debido a la ansiedad, la fatiga se instala. Puede que te sientas agotado incluso después de haber dormido bien. Esta fatiga no solo afecta el nivel de energía, sino que también puede exacerbar las condiciones de dolor crónico. Es similar a sostener una nota musical durante demasiado tiempo: tanto los músicos como el instrumento se tensionan, lo que podría causar una ejecución disonante.

En resumen, la ansiedad no solo agota tu fuerza mental, sino que también puede sobrecargar tu cuerpo físico a largo plazo.

4.4 Relación con Otras Condiciones de Salud

Imagina que estás caminando por una cuerda floja; mantienes el equilibrio concentrándote en cada paso, pero sientes la tensión constante de saber que un movimiento en falso podría hacerte caer. La ansiedad tiene un papel similar en la cuerda floja de nuestra salud; afecta no solo nuestra estabilidad mental, sino también la forma en que nuestro cuerpo funciona día a día.

Quiero que visualices la ansiedad no solo como un estado aislado, sino como una pieza de un rompecabezas más amplio. A menudo, la ansiedad se presenta de la mano con otros trastornos mentales y físicos, una situación que conocemos como comorbilidad. Puede ser la compañera incómoda de la depresión, donde la preocupación constante se combina con un sentimiento abrumador de tristeza y desesperanza. O tal vez viaje junto con trastornos alimenticios, donde la preocupación obsesiva por la comida y el peso puede ser una manifestación de una lucha interna más profunda con la ansiedad.

Incluso a nivel físico, las condiciones como las enfermedades cardíacas o la diabetes pueden complicar el escenario, ya que la ansiedad puede influir en el aumento de la presión arterial o desordenar los niveles de azúcar en sangre. En casos así, el diagnóstico se vuelve un desafío mayor porque los síntomas se entrelazan y enmascaran, y es como discernir cuál hilo perturba la armonía del tejido entero.

Abordar la ansiedad requiere un sentido de agudeza y atención a la totalidad de la situación. Como tener una linterna en la oscuridad, necesitamos iluminar cada aspecto que podría estar contribuyendo a tu situación actual. Identificar la ansiedad y sus compañeras silenciosas nos permite, a través de terapia o intervenciones médicas, manejarlas de manera más eficaz, previniendo el agravamiento de las mismas.

La psicoeducación, por ejemplo, te arma con el conocimiento para reconocer cuando la ansiedad afecta tu salud física, y el manejo del estrés te da las herramientas para mitigar sus efectos. La terapia cognitivo-conductual, un tratamiento probado para la ansiedad, también puede ser efectiva para enfrentar los síntomas de trastornos comórbidos adaptando las estrategias para abordar múltiples condiciones.

Finalmente, debemos recordar que tú no eres un conjunto de síntomas o condiciones; eres un entero complejo y dinámico. Por ello, alimentar un enfoque holístico es esencial. Esto implica considerar todos los aspectos de tu bienestar, desde el emocional y el físico hasta el social y el espiritual.

Como tu aliado en este viaje hacia la salud, te ánimo a cuidar tu dieta, tu actividad física, tus relaciones interpersonales y tu bienestar emocional de una forma integrada. Juntos podemos trabajar en técnicas de relajación, como la meditación o la respiración profunda, y en la construcción de un estilo de vida saludable que fortalezca todos los aspectos de tu ser.

La ansiedad es un desafío multifacético, pero con un enfoque comprensivo y proactivo, puedes encontrar equilibrio y serenidad incluso en la cuerda floja de la vida. Aunque sé que puede parecer molesto es importante paara mi sugerirte que busques ayuda profesional si sientes que la realidad te sobrepasa. Claro, la primera sugerencia que puedo hacerte es que te pongas en contacto conmigo al correo armonizacontacto@gmail.com Centro de Terapia Integrativa para empezar la terapia apropiada para ti o alguien que conozcas que lo necesita. Estoy aquí para caminar ese delicado equilibrio contigo, paso a paso. Pero basta de comerciales, continuemos.

5. Estrategias de Afrontamiento para la Ansiedad

Te doy la bienvenida al capítulo que puede marcar un antes y un después en tu comprensión y manejo de la ansiedad. Aquí nos adentraremos en el mundo de las estrategias de afrontamiento, unas herramientas esenciales que han demostrado su eficacia en el manejo de la ansiedad y que pueden mejorar significativamente la calidad de tu vida.

La ansiedad, aunque una experiencia común y muchas veces adaptativa, puede, cuando es demasiado intensa o frecuente, convertirse en una compañera incómoda en tu día a día. Tanto si estás lidiando con preocupaciones cotidianas como si enfrentas un trastorno de ansiedad diagnosticado, aprender a gestionar y afrontar la ansiedad es crucial.

Las estrategias de afrontamiento se centran en fortalecer tu habilidad para enfrentar las preocupaciones y los miedos, reduciendo su impacto en tu vida. Te prepararán para acoger la ansiedad con una actitud renovada y proactiva. Con práctica y constancia, podrás recuperar el control y moverte a través de la vida con mayor confianza y menos estrés.

Sentirse ansioso es, tras todo, parte de la condición humana. Pero no debe ser un obstáculo insuperable. Con este capítulo, darás grandes pasos hacia una vida más tranquila y plena. Siempre te recuerdo que es prudente buscar y tener el apoyo de un profesional de la salud mental para guiarte y acompañar tus progresos. Vamos a descubrir juntos cómo puedes convertir este conocimiento en un aliado poderoso en tu viaje hacia el bienestar.

5.1 IDENTIFICACIÓN DE SÍNTOMAS:

Paso 1:
Observa tus pensamientos.

¿Te encuentras a menudo preocupado por el futuro o lamentándote por el pasado? La ansiedad tiende a manifestarse en pensamientos persistentes y preocupantes que son difíciles de controlar. Si notas que tus pensamientos a menudo giran en torno a "¿y si...?" y estas inquietudes te impiden concentrarte en tareas diarias, podrías estar experimentando síntomas de ansiedad. (Nota que digo que podrías estar y no que estás, para eso faltan algunos pasos más... sigue leyendo... y no te pongas ansioso)

**Paso 2:
Atento a tu respuesta física.**

La ansiedad no solo afecta la mente, sino también el cuerpo. Puedes experimentar síntomas como un ritmo cardíaco acelerado (que puede ser real o te lo puedes estar imaginando, así como la sensación de dolor), sudoración, temblores, fatiga, o dificultades para respirar (como que te ahogas y el aire se pone pesado). Estas respuestas son más intensas que lo que podrías sentir simplemente estando un poco nervioso o estresado.

**Paso 3:
Evalúa tu comportamiento**

¿Estás evitando ciertas situaciones por miedo o preocupación? A veces, la ansiedad puede llevar a evitar lugares, eventos o incluso personas por temor a que ocurran escenarios desfavorables. Este cambio en el comportamiento es una señal clave de que la ansiedad podría estar influyendo en tu vida.

(Incluso en algunas situaciones te da por evitar la comida o escenas de las películas)

Paso 4:
Compara estados emocionales

Es vital diferenciar entre ansiedad y, digamos, la tristeza o la excitación temporal. Si los sentimientos de inquietud son crónicos y abrumadores al punto de interferir con tu capacidad para funcionar cotidianamente, se parecería más a la ansiedad que a una emoción pasajera.

Paso 5:
Identifica los gatillos

(Si, pensé en el chiste de los perrillos y gatillos, pero es tonto así que mejor no lo digo…)
¿Qué pasa cuando un perrillo y un gatillo se encuentran en un bar?
El perrillo dice: "¡Guau, guau!"
Y el gatillo responde: "¡Bang, bang!"
(Ves que el chiste era malísimo?)
 En este punto, reconoce qué situaciones desencadenan tu ansiedad. ¿Son

consistentes? ¿La ansiedad aparece repentinamente o se acumula con el tiempo? Aprender a identificar lo que dispara tu ansiedad puede ayudarte a distinguir si es una respuesta a un evento específico o una preocupación más generalizada.

Paso 6:
Reflexiona sobre la duración

Considera cuánto tiempo has estado sintiendo estos síntomas. La ansiedad generalizada suele persistir durante meses. Si tus emociones de preocupación son efímeras o vinculadas a un evento específico, podrían ser menos indicativas de un trastorno de ansiedad.

Paso 7:
Consulta a un profesional

Si tras tu autoevaluación sientes que podría ser ansiedad, lo más recomendable es buscar la opinión de un profesional en salud mental. (Puedes comunicarte conmigo, te lo repito por si te interesa: armonizacontacto@gmail.com)

Ellos (cualquier otro psicólogo y personal de salud mental si no soy yo) pueden (yo también obviamente) ofrecerte una perspectiva más clara y un plan para abordar tus síntomas. Bueno ahora vamos a lo que vinimos. Veamos las técnicas.

5.2 Técnicas

5.2.1 Técnicas de Relajación:

RESPIRACIÓN PROFUNDA: EJERCICIOS PARA CONTROLAR LA HIPERVENTILACIÓN.

1.   Encuentra un lugar cómodo: Busca un espacio tranquilo donde puedas sentarte o acostarte sin interrupciones. Siéntate con la espalda recta o recuéstate en una superficie plana.
2.   Enfoque en la postura: Si estás sentado, asegúrate de que tus pies estén firmes en el suelo y tus manos descansen suavemente sobre tu regazo. Si estás

tumbado, coloca las manos a los lados o sobre tu abdomen.

3. Cierra los ojos: Si te sientes cómodo, cierra tus ojos para minimizar las distracciones externas. Esto te ayudará a centrarte en el proceso de respiración.

4. Respira conscientemente: Presta atención a tu respiración natural sin intentar modificarla aún. Nota cómo el aire entra y sale de tus pulmones.

5. Inhala profundamente: Respira lenta y profundamente por la nariz, contando hasta cuatro. Mientras inhalas, permite que tu abdomen se expanda en lugar de tu pecho.

6. Sostén la respiración: Mantén la respiración durante un breve conteo de dos. No es necesario que la sostengas hasta el punto de sentir incomodidad.

7. Exhala lentamente: Ahora exhala suavemente por la boca, también contando hasta cuatro. Mientras exhalas, imagina que estás liberando toda la tensión y el estrés.

8. Repeticiones: Continúa este ciclo de respiración, inhalar contando hasta cuatro,

sostener por dos y exhalar por cuatro, durante varios minutos. Con cada exhalación, trata de soltar un poco más de tensión.

9.   Retoma gradualmente: Después de practicar durante cinco a diez minutos, permite que tu respiración vuelva a su ritmo normal y toma conciencia de tu cuerpo y del espacio que te rodea antes de abrir los ojos.

Recuerda, la clave para dominar la respiración profunda es la práctica regular. Quizás al principio te resulte difícil mantener el ritmo o incluso podrías sentirte un poco mareado debido al cambio en la oxigenación; esto es normal. Con el tiempo y la práctica, notarás cómo esta técnica ayuda a calmar tu mente y reduce la hiperventilación. Te puedo sugerir la mejor aplicación que he utilizado para lograr encontrar la paz en momentos de ansiedad extrema (sí, los psicólogos también solemos sufrir de ansiedad, somos humanos), la aplicación se llama Calm y la encuentras en https://www.calm.com/es (Calm no me está pagando por sugerirla, pero es muy buena)

MEDITACIÓN Y MINDFULNESS: PRÁCTICAS PARA EL ENFOQUE EN EL PRESENTE Y REDUCCIÓN DE LA RUMIACIÓN ANSIOSA.

La meditación es una práctica invaluable que te permite entrenar tu mente para enfocarse y alcanzar un estado de tranquilidad profunda. Al igual que en la profundidad del océano, donde las aguas son más calmas, la meditación te lleva hacia la serenidad que yace bajo la superficie agitada de tus pensamientos cotidianos.

Comienza eligiendo un lugar tranquilo, siéntate o recuéstate cómodamente y cierra los ojos. Concéntrate en tu respiración, siente cómo el aire entra y sale de tus pulmones; esto te ayudará a centrarte en el 'aquí y ahora'. Si tu mente divaga, simplemente observa esos pensamientos sin juicio y redirige tu atención a la respiración. La clave está en practicarlo regularmente, aunque sean solo unos minutos al día.

Mindfulness, o atención plena, va de la mano con la meditación. Es la práctica de estar completamente presente y comprometido con lo que estás haciendo en el momento, sin distracción o juicio. Si estás comiendo, por ejemplo, esto implica saborear cada bocado y apreciar sus texturas y aromas en vez de comer de manera automática.

Para integrar el mindfulness en tu vida diaria, empieza por hacer pequeñas pausas. Puedes dedicar un momento para observar conscientemente tu entorno, o escuchar los sonidos a tu alrededor, o incluso prestar atención a la sensación de tus pies contra el suelo mientras caminas. El objetivo es que cada acción se haga con plena conciencia.

Estas prácticas te ayudan a romper el ciclo de la rumiación ansiosa, una condición donde la mente se preocupa excesivamente por eventos pasados o preocupaciones futuras. Al centrarte en el presente, te otorgas un poderoso antídoto contra el estrés y la ansiedad. Con el tiempo, notarás una mayor claridad mental, un mejor enfoque y una reducción en los niveles de estrés.

Date el permiso para explorar estas prácticas pacíficamente y observa los cambios positivos que pueden surgir en tu vida. Recuerda, la práctica constante profundiza la experiencia y los beneficios, así que sé paciente contigo mismo en este viaje de descubrimiento interno. Puede serte útil https://www.themindfulnessapp.com/es

RELAJACIÓN MUSCULAR PROGRESIVA: GUÍAS PARA LIBERAR LA TENSIÓN FÍSICA ASOCIADA CON LA ANSIEDAD.

La relajación muscular progresiva es una técnica maravillosa para ayudarte a mitigar la tensión física que a menudo acompaña a la ansiedad.(Pero si quieres que funcione tienes que seguirla al pie de la letra y ser constante, de lo contrario solo será una pérdida de tiempo) Aquí te ofrezco una guía paso a paso:

1. **Encuentra un lugar tranquilo:** Elige un entorno en el que te sientas cómodo y

donde puedas estar sin interrupciones durante aproximadamente 15-20 minutos.

2. **Adopta una postura cómoda:** Siéntate o acuéstate en una posición relajada. Puedes elegir una silla confortable o estar acostado en una cama o esterilla de yoga.

3. **Respira profundamente:** Toma un par de respiraciones profundas para comenzar a relajarte. Inhala lentamente por la nariz y exhala por la boca.

4. **Concientiza tu cuerpo:** Cierra los ojos y dedica unos momentos a sintonizar con las sensaciones de tu cuerpo.

5. **Tensa y relaja:** Empieza por los pies y sigue hacia arriba a través de cada grupo de músculos. Tensa cada grupo muscular durante unos cinco segundos y luego relájalo por unos 30 segundos, notando la diferencia entre la tensión y la relajación.

6. **Pies y tobillos:** Comienza tensando los músculos de tus pies llevando los dedos hacia ti. Luego, relájalos profundamente.

7. **Piernas:** Avanza a las piernas. Endurece todos los músculos de las piernas, incluidos los muslos y las pantorrillas, y luego suéltalos.

8. **Abdomen y pecho:** Tensa los músculos de tu abdomen y pecho, reteniendo la tensión y luego relajando.

9. **Brazos y manos:** Continúa con los brazos y las manos, cerrando los puños y luego extendiéndolos, haciendo énfasis en la liberación de toda la tensión.

10. **Hombros, cuello y cara:** Encoge de hombros hacia las orejas, tensa el cuello y frunce el ceño, y luego relaja conscientemente esa área.

11. **Respira y repite:** Mantén una respiración profunda y consciente. Si sientes que alguna área no se relaja completamente, repite el proceso en esa zona.

12. **Tomate tu tiempo:** No te apresures. Dedica tiempo a cada grupo muscular y enfócate en la sensación de liberación al relajar cada uno.

13. **Conciencia plena al finalizar:**
Una vez que termines, pasa unos
momentos en estado de relajación
completa. Observa cómo tu cuerpo se
siente más ligero y libre de tensión.

14. **Vuelve lentamente:** Cuando
estés listo, abre lentamente los ojos y
da movimiento gradual a tu cuerpo.
Estira suavemente antes de levantarte.

Practicar regularmente la relajación muscular
progresiva puede disminuir significativamente
los síntomas físicos de la ansiedad y también
puede mejorar tu conciencia somática,
ayudándote a detectar tensión y estrés más
temprano para manejarlos de manera
efectiva. Continúa con estas prácticas y
notarás con el tiempo una diferencia palpable
en tu gestión del estrés y la ansiedad.

5.2.2 Técnicas Psicológicas

(DEBES REALIZARLAS CON LA AYUDA DE UN PSICÓLOGO, PERO TE COMENTO CÓMO FUNCIONAN PARA QUE TE PUEDAS FAMILIARIZAR, SÉ RESPONSABLE CON TU SALUD Y TU VIDA. BUSCA LA AYUDA DE UN PSICÓLOGO)

REESTRUCTURACIÓN COGNITIVA:
Permíteme explicarte la reestructuración cognitiva, una técnica sumamente valiosa para manejar la ansiedad. (Busca ayuda de tu psicólogo, es en serio)

Imagina que tu mente es como un jardín, donde las ideas crecen como plantas. Algunas de estas plantas son saludables, pero otras pueden ser como malas hierbas que necesitan atención para evitar que se apoderen del jardín. La reestructuración cognitiva es la herramienta de jardinería que te ayuda a cuidar tus pensamientos.

Primero, para identificar las malas hierbas — los pensamientos ansiosos—, necesitas observar cuidadosamente. Cuando sientes ansiedad, detente y pregunta: "¿Qué estoy pensando en este momento?" Esto es como buscar en el jardín las plantas que no deberían estar allí. (¿Entiendes ahora por qué es necesaria la ayuda de un psicólogo?, porque es como en este ejemplo, un experto en la jardinería de la mente)

Una vez que identificas un pensamiento negativo, es crucial cuestionarlo. Interroga su validez: ¿Este pensamiento está basado en hechos o suposiciones? ¿Hay evidencia que demuestre que este pensamiento es cierto? Si te das cuenta de que tu pensamiento es más una suposición que una realidad, has encontrado la mala hierba.

Después, desafía ese pensamiento. Enfréntate a él con preguntas como: ¿Existe otra forma de ver esta situación? ¿Cómo pensarían sobre esto otras personas que quizás vean las cosas de otra manera? Esto es como arrancar la mala hierba de raíz.

Finalmente, el paso más crucial es reemplazar los pensamientos negativos con otros que sean más realistas y constructivos. Esto no significa que busques pensamientos irreales positivos, sino perspectivas equilibradas que reflejen la realidad de una manera más completa. Así como plantarías una bella flor o un árbol frutal donde antes había malas hierbas.

Por ejemplo, en vez de decirte a ti mismo "Nunca voy a ser capaz de hacer esto", podrías considerar "Es un reto, pero puedo tomar pasos pequeños y pedir ayuda si la necesito". Este es un pensamiento realista y positivo que permite el crecimiento personal y la resiliencia.

Practicar este método puede ser como aprender a usar nuevas herramientas de jardinería. Puede tomar tiempo acostumbrarse, pero con práctica, tu jardín mental puede florecer con pensamientos saludables y realistas. Recuerda, tienes el poder de cultivar tu mente.

DESARROLLO DE HABILIDADES DE AFRONTAMIENTO:

Es obvio que te enfrentarás a innumerables desafíos en la vida, y cómo manejas estos problemas puede influir significativamente en tu bienestar emocional. La resolución de problemas es una habilidad de afrontamiento esencial que te puede ayudar a lidiar de manera más efectiva con las situaciones que generan ansiedad. Ahora te guiaré a través de un método práctico paso a paso (Puedes revisar una amplia bibliografía de la teoría de Lazarus y Folkman al respecto):

1. **Identifica el Problema:** Define claramente cuál es el problema que te causa ansiedad. Sé específico. En lugar de decir "mi trabajo me estresa", trata de

identificar el aspecto exacto que te preocupa, como un proyecto con un plazo ajustado.

2. **Entiende el Problema:** Reflexiona sobre por qué este problema es una fuente de ansiedad. ¿Es el temor a fallar? ¿La falta de recursos? Comprender la raíz de tu preocupación te proporcionará una base sólida para encontrar soluciones.

3. **Genera Soluciones Posibles:** Piensa en todas las maneras posibles de abordar el problema. Anota tantas alternativas como puedas, incluso aquellas que en un principio te parezcan poco convencionales o creativas. La lluvia de ideas no tiene límites.

4. **Evalúa las Soluciones:** Mira detenidamente tu lista de soluciones potenciales y evalúa los pros y los contras de cada una. Considera las consecuencias a corto y largo plazo y cómo cada solución puede aliviar tu ansiedad.

5. **Elige una Solución:** Escoge la opción o combinación de opciones que parezcan más adecuadas y efectivas. La decisión no siempre será perfecta, pero debe alinearse bien con tus valores y capacidades.

6. **Haz un Plan de Acción:** Desarrolla un plan paso a paso para implementar tu solución. Establece objetivos claros, plazos, y si es necesario, delega tareas. Un plan bien pensado puede reducir la sensación de estar abrumado.

7. **Lleva a Cabo el Plan:** Pasa a la acción. Aunque la implementación pueda causar algo de ansiedad, recuerda que estás tomando medidas proactivas para resolver el problema.

8. **Revisa y Ajusta:** Una vez que hayas hecho una acción, evalúa su efectividad. ¿Ha disminuido tu ansiedad? ¿Has resuelto el problema o partes de él? Si

no es así, no temes ajustar tu plan y probar una solución diferente.

Recuerda, la resolución de problemas es tanto una ciencia como un arte. A menudo, requiere paciencia, persistencia y flexibilidad. No te desanimes si la primera solución no funciona; el mero acto de enfrentar el problema ya es un paso valiente hacia el manejo de la ansiedad. Practica estas etapas regularmente, y notarás cómo tu competencia en la resolución de problemas, junto con tu capacidad para manejar la ansiedad, mejoran con el tiempo.

ESCRIBE UN DIARIO

Llevar un registro de tus emociones y lo que estaba sucediendo cuando surgieron puede ayudarte a detectar desencadenantes.

Existe muchas otras técnicas y maneras de superar la ansiedad pero debes descubrir la que mejor se adapte a tu necesidad con ayuda de tu psicólogo (Sí, sigo insistiendo) Una lista breve de lo que podrías trabajar es la siguiente:

- Exposición a las Situaciones Temidas
- Apoyo Social

- Autocuidado
- Análisis FODA Persona
- Actividad Física Regular
- La Conexión Social
- Hábitos Alimenticios y Sueño
- Desensibilización sistemática
- Técnica de la silla vacía
- Afrontamiento anticipado
- Habilidades de Manejo Emocional
- Arte y creatividad
- Musicoterapia
- Aromaterapia
- Técnicas de visualización

6 Modificación del estilo de vida

¿Alguna vez has notado cómo tu estilo de vida puede influir en tus niveles de ansiedad? En este capítulo, te guiaré para que explores y modifiques tu rutina diaria, ayudándote a vivir con más tranquilidad y menos estrés.

6.1 ¿RUTINA?

- **Equilibrio entre trabajo y vida personal:** Es fundamental establecer límites claros entre tu vida laboral y personal. Esto significa designar tiempos específicos para trabajar y tiempos para descansar y disfrutar de actividades de ocio. Si trabajas desde casa, intenta tener un área dedicada al trabajo y asegúrate de alejarte de esa zona al finalizar tu jornada laboral.
- **Alimentación balanceada:** Lo que comes afecta cómo te sientes. Incorpora una variedad de frutas, verduras y proteínas magras en tu dieta, y observa cómo tu cuerpo y mente responden con más energía y mejor estado de ánimo. Evita el exceso de cafeína y azúcar, que

pueden aumentar la sensación de ansiedad.

- **Actividad física regular:** El ejercicio libera endorfinas, las cuales son sustancias químicas que mejoran tu estado de ánimo y actúan como analgésicos naturales. Encuentra una actividad que disfrutes, ya sea caminar, nadar, bailar o incluso yoga, y trata de practicarla regularmente.
- **Sueño reparador:** La falta de sueño puede exacerbar la ansiedad. Establece una rutina de sueño saludable, yendo a la cama y levantándote a la misma hora todos los días. Evita las pantallas al menos una hora antes de acostarte y crea un ambiente propicio para dormir, que sea oscuro, fresco y tranquilo.
- **Conexiones sociales:** Interactuar con amigos y seres queridos puede brindarte apoyo emocional y disminuir la ansiedad. Establece horarios regulares

para socializar, ya sea en persona o a través de llamadas virtuales.

- **Tiempo para ti:** Dedica un momento del día para actividades que te hagan feliz. Puede ser leer un libro, practicar un pasatiempo o simplemente sentarte y escuchar tu música favorita. Este "tiempo para ti" es esencial para recargar energías y mantener el estrés a raya. (Esto es lo más importante, tú eres lo más importante)

- **Aprender a decir no:** Es importante no sobrecargarse con demasiadas obligaciones. Aprender a decir no es fundamental para mantener un estilo de vida equilibrado y evitar la sobrecarga de estrés que genera más ansiedad con el tiempo.

- **Organización y planificación:** Mantén un calendario o planificador para ayudarte a organizar tus tareas y compromisos. Esto puede disminuir la ansiedad por sentirte abrumado y facilitar la gestión del tiempo.

Recuerda, la modificación del estilo de vida es un proceso gradual. No necesitas implementar todos estos cambios de una vez. Elije un área en la que te gustaría trabajar y establece pequeñas metas alcanzables. Con el tiempo, estos pequeños ajustes pueden tener un gran impacto en tu bienestar general.

Por supuesto, el ejercicio físico puede ayudarte a manejar la ansiedad.

6.2 EL EJERCICIO Y LA ANSIEDAD:

UNA RELACIÓN BENEFICIOSA

- **Liberación de Endorfinas:** Al ejercitarte, tu cuerpo libera endorfinas, conocidas como las 'hormonas de la felicidad', que promueven una sensación de bienestar y euforia. Esto puede ayudar a reducir la percepción del dolor y provocar un efecto positivo en tu estado anímico.

- **Reducción de la Activación del Organismo:** Realizar actividad física regular puede disminuir la activación general de tu cuerpo ante el estrés. Hay una teoría que sostiene que el ejercicio puede reducir la reactividad al estrés de los sistemas serotonérgico y noradrenérgico en el cerebro, que están involucrados en la ansiedad y el estado de ánimo.

- **Tipo de Ejercicios Recomendados** (Pero que debes evaluar con tu médico y entrenador físico, NO hagas las cosas como se te ocurran, puedes lastimarte)
- La realidad es que cualquier ejercicio puede ser beneficioso, pero aquí tienes algunas ideas:

- **Cardiovascular:** Correr, nadar, o incluso caminar rápido, son excelentes para el sistema cardiovascular y pueden ayudar a reducir el nivel general de tensión en tu cuerpo, disminuir los síntomas de ansiedad y mejorar el sueño.

- **Fortalecimiento Muscular**: Algunos estudios sugieren que entrenamientos de fuerza, como levantar pesas, también pueden aliviar la ansiedad. Por lo tanto, no subestimes la importancia de incorporar algunos días de entrenamiento de fuerza a tu rutina.

- **Yoga y Pilates:** Son actividades que combinan ejercicio físico con técnicas de respiración y atención plena, permitiendo enfocarse en el presente y reducir los pensamientos ansiosos.

6.3 CONSEJOS PARA EMPEZAR (QUE SON MUY, MUY IMPORTANTES)

- **Escucha a tu cuerpo:** Empieza con ejercicios de baja intensidad, sobre todo si no estás acostumbrado a realizar actividad física regularmente.

- **Regularidad:** Intenta ser constante con tu práctica. Incluso 10 minutos al día pueden hacer la diferencia.

- **Acompañamiento:** Hacer ejercicio en compañía puede ser más motivador y menos intimidante.

- **Variedad:** Mantén tu rutina de ejercicios interesante cambiando las actividades. Esto puede ayudar a mantener tu motivación.

- **Objetivos Realistas:** Sé realista y establece objetivos a corto plazo que puedas alcanzar.

- **Disfruta:** Elige actividades que te resulten placenteras, para que el ejercicio sea una parte disfrutable de tu día.

Recuerda que es importante consultar a un profesional de la salud antes de iniciar cualquier programa de ejercicio, sobre todo si tienes alguna condición física particular. El objetivo es que te sientas mejor, tanto física como emocionalmente. El ejercicio no es un reemplazo para la terapia profesional en caso de que tu ansiedad sea severa, pero definitivamente puede ser una herramienta valiosa en tu kit de manejo del estrés y la ansiedad.

6.4 ¿DIETA?

El tema de la dieta y nutrición, es clave que entiendas cómo tu alimentación puede influir en tus niveles de ansiedad. Vamos a hablar de balance, calidad y también, cómo no, de esos pequeños placeres que nos da la comida.

Primero, el balance en tu dieta es esencial. Imagina que tu cuerpo es como un motor que necesita diferentes tipos de combustible para funcionar de manera óptima. Así, una variedad de nutrientes de diferentes grupos alimenticios te ayudará a mantener ese motor en marcha sin problemas. Apunta a una selección colorida de frutas y verduras; estas son ricas en vitaminas, minerales y antioxidantes. Las proteínas magras, como las del pescado, pollo o legumbres, son fundamentales para reconstruir tejidos y regular el humor, ya que contienen aminoácidos esenciales que influyen en la producción de neurotransmisores como la serotonina, conocida como la hormona de la felicidad.

No olvides los carbohidratos; aquellos integrales son tus amigos. Aportan energía de liberación lenta, lo que te mantendrá con fuerzas a lo largo del día sin las caídas que suelen provocar los azúcares simples.

Además, los carbohidratos complejos, como la avena, el arroz integral o la quinoa, están llenos de fibra, lo cual es excelente para la digestión y puede ayudar a regular los niveles de azúcar en sangre.

¿Y las grasas? Sí, también son necesarias. Pero opta por aquellas saludables, como las que encuentras en el aguacate, los frutos secos, las semillas y el aceite de oliva extra virgen. Estas contribuyen a la salud cerebral y podrían ayudarte a disminuir la inflamación, que se ha relacionado con estados de ánimo bajos.

Es importante también que vigiles el consumo de sustancias que alteran tu estado de ánimo. Cuidado con la cafeína y el azúcar; ambos pueden ofrecerte un pico de energía rápido, pero a menudo llevan a una caída igual de ágil. Esto puede dejar paso a la ansiedad o nerviosismo. Trata de moderar su consumo y nota cómo respondes.

Hidratarse es vital. El agua es mucho más que una bebida refrescante; es crucial para el funcionamiento cerebral y empuja las reacciones bioquímicas en tu cuerpo. No subestimes su poder y asegúrate de beber suficiente agua a lo largo del día.

Por último, pero no menos importante, disfruta de la comida. Te sugiero ver las recetas de mi amiga Miss Moon que logra el equilibrio entre rico y saludable https://www.tiktok.com/@danimoon92 .Permitirte ocasionalmente esos pequeños gustitos puede ser también un bálsamo para el alma. Ojo, la clave está en la moderación y en el disfrute consciente del sabor.

Estas pautas no solo benefician tu estado anímico, sino que favorecen un organismo saludable y lleno de vitalidad. Un plan alimentario consciente puede ser un aliado increíble en la gestión de tu ansiedad. Recuerda, cada persona es única y lo que funciona para uno, puede no ser lo ideal para otro. Escucha a tu cuerpo y, si es necesario, busca el apoyo de un profesional en nutrición para obtener asesoramiento personalizado.

6.5 ¿SUEÑO?

Es fundamental que reconozcas la importancia del descanso y el sueño para gestionar tu ansiedad. No subestimes el poder de una buena noche de sueño; es restaurador y puede influir significativamente en tu bienestar emocional. Durante el sueño, tu cerebro procesa las experiencias del día, lo que contribuye a la consolidación de la memoria y la regulación del estado de ánimo.

Para mejorar tu sueño, es útil establecer una rutina nocturna consistente. Intenta irte a la cama y despertarte a la misma hora todos los días, incluso los fines de semana. Esto ayuda a regular tu reloj biológico y mejora la calidad de tu sueño.

Crear un ambiente propicio para el descanso es igualmente clave. Asegúrate de que tu dormitorio sea un santuario de tranquilidad. Mantén la habitación a una temperatura confortable, reduce el ruido y la luz tanto como sea posible y considera el uso de tapones para los oídos o máscaras para dormir si son necesarios.

Limita la exposición a pantallas (teléfonos, tabletas, ordenadores) antes de acostarte. La luz azul que emiten puede interferir con la producción de melatonina, la hormona que señaliza a tu cuerpo que es hora de dormir. En su lugar, podrías leer un libro o practicar una técnica de relajación, como la meditación o la respiración profunda, para preparar tu mente y cuerpo para el descanso.

También es recomendable evaluar tus hábitos de consumo antes de dormir. Evita la cafeína y las comidas pesadas unas horas antes de acostarte, ya que pueden perturbar tu sueño. Si te sientes hambriento por la noche, opta por un bocado ligero.

Mantener un diario de sueño puede ser de ayuda. Anota la hora en que te vas a la cama, la calidad de tu sueño y cómo te sientes al despertar. Esto puede revelar patrones que necesitas ajustar.

Finalmente, si la ansiedad te mantiene despierto o te despierta a menudo durante la noche, considera hablar con un profesional de la salud. Puede ser beneficioso investigar estrategias específicas de manejo de la ansiedad o explorar si hay problemas subyacentes del sueño que necesiten ser tratados.

Recuerda, tu **santé** (o sea tu salud) es preciosa y el sueño es uno de los pilares fundamentales para mantenerla. Cuidarte a ti mismo es cuidar tu futuro, así que da prioridad a esos momentos de descanso.

Ahora hablemos del apoyo social y profesional.¿Quieres?

7. Apoyo Social y Profesional

Tu red de apoyo es un pilar clave en la gestión de la ansiedad. Esta red incluye a amigos, familia, compañeros y profesionales en salud mental.

Amigos y Familia:

Tus seres queridos pueden darte consuelo y comprensión. No subestimes el poder de una conversación sincera con un amigo o familiar. Hablar de lo que sientes puede darte una nueva perspectiva y aliviar tus preocupaciones.

Sugerencias:

- Organiza encuentros regulares, aunque sean virtuales.

- Integra actividades relajantes compartidas, como caminatas.

- Aprende a expresar tus necesidades claramente.

Compañeros de Trabajo:

A veces, tu entorno laboral puede ser fuente de estrés. Establece límites saludables y busca aliados en el trabajo que comprendan tu situación.

Ideas prácticas:

- Programa descansos durante tu jornada.

- Crea un grupo de soporte con colegas para compartir estrategias de manejo del estrés.

- Salgan a comer una hamburguesa.

Profesionales de la Salud Mental:
Un terapeuta o psicólogo puede ofrecer estrategias basadas en evidencia para manejar tu ansiedad.
Pasos a seguir:
- Considera diferentes enfoques, desde terapia cognitivo-conductual hasta la terapia integrativa.
- No temes pedir referencias para encontrar el profesional adecuado para ti.
- Tu bienestar emocional es una prioridad y rodearte de una red de apoyo sólida es esencial. No dudes en buscar ese apoyo cuando lo necesites.

En cuanto a buscar ayuda profesional para gestionar tu ansiedad, quiero reconocer lo valiente que es dar ese paso. A veces, los desafíos con los que lidiamos requieren de una mano experta que nos guíe hacia el sendero del bienestar.

Te sugiero considerar la opción de la terapia en línea con Armoniza terapia integrativa. Esta modalidad de terapia te permitiría acceder a la atención profesional que necesitas desde la comodidad de tu hogar. El proceso es simple y bastante accesible.

Para empezar, visita el sitio web de Armoniza terapia integrativa y conoce los servicios que te ofrezco www.armoniza.jimdofree.com o al correo armonizacontacto@gmail.com. Obviamente estás en la libertad de buscar un psicólogo cercano y accesible. Usualmente, contarán con descripciones detalladas del tipo de terapias y especializaciones de sus terapeutas. Es importante que sientas afinidad con el método terapéutico que se ofrece y que el especialista tenga experiencia en las áreas que deseas trabajar.

Después, puedes agendar una cita para una sesión inicial. Este es un buen momento para establecer una conexión y ver si te sientes cómodo con el terapeuta. No dudes en expresar tus preocupaciones, tus metas y lo que esperas conseguir con la terapia. La comunicación abierta es clave para una buena relación terapéutica.

Durante las sesiones, que usualmente (en Armoniza) se llevan a cabo a través de videollamadas, trabajarás en conjunto con el terapeuta para identificar las causas de tu ansiedad y desarrollar estrategias personalizadas para manejarla. Podrás aprender técnicas de relajación, gestión del estrés y reestructuración del pensamiento que te servirán en el día a día.

Recuerda que la terapia es un proceso y puede tomar tiempo ver los resultados. Sé paciente contigo mismo y mantén un compromiso constante con tu proceso de sanación.

Además, la confidencialidad es un aspecto fundamental en Armoniza terapia integrativa y con cualquier profesional de la salud mental, así que puedes tener la seguridad de que tus sesiones y lo que compartas en ellas permanecerán privados.

El paso hacia la búsqueda de ayuda es un acto de autocuidado. Estás tomando las riendas de tu vida haciendo algo sumamente positivo por tu salud mental. Si en algún momento te sientes dudoso o inseguro, recuerda que pedir ayuda es un signo de fortaleza. Estás trabajando para construir una versión más resiliente y tranquila de ti mismo.

Espero que esta información te resulte útil y te anime a dar el siguiente paso hacia tu bienestar.

8. Mensaje final:

Recuerda, cada persona es única y lo que funciona para uno puede no funcionar para otro. Es vital encontrar lo que mejor se adapte a ti. Por último, sé gentil contigo mismo durante el proceso. El crecimiento y el manejo emocional son viajes continuos, no destinos finales.

Si te sientes abrumado o la ansiedad parece inmanejable, nunca está de más buscar la orientación de un profesional. Esto es signo de fortaleza, no de debilidad.

Espero que estas estrategias te sirvan de apoyo para vivir una vida más equilibrada y plena. Recuerda, dar pequeños pasos hacia el cambio es mucho mejor que no moverse del punto de partida. Cada paso que das es una muestra de tu fortaleza y voluntad de avanzar. Puede que en algunos momentos la ansiedad se presente como un desafío difícil de superar, pero ahí radica la oportunidad para demostrarte a ti mismo cuánto puedes lograr.

Ten presente que tu capacidad para enfrentar y superar dificultades no es una fuente que se agota; al contrario, cada experiencia te prepara mejor para las que están por venir. Eres más resiliente de lo que crees y tienes en ti todas las herramientas necesarias para encontrar tu balance y tu paz interior.

En tiempos de incertidumbre, tu resiliencia es tu brújula. Aprender a navegar las aguas de la vida con ella te llevará a descubrir paisajes internos y externos llenos de belleza y aprendizaje. No estás solo en este viaje; cuentas con una red de personas que te apoyan y creen en ti, incluso cuando te resulte difícil hacerlo por ti mismo. El empoderamiento comienza con la creencia en tus propias capacidades, la aceptación de tus emociones y la certeza de que puedes y mereces ocupar tu lugar en el mundo con autenticidad y propósito. Sigue adelante con la cabeza alta, nutriendo tu mente y cuerpo, y tomando acciones alineadas con tus valores más profundos.

El futuro te pertenece, y cada acción que haces hoy es una semilla plantada en el jardín de tus posibilidades. Con paciencia, amor propio y determinación, verás cómo estas semillas brotan y florecen, reflejando la belleza de tu esfuerzo y persistencia.

Confía en tu viaje, valora tus progresos, por pequeños que sean, y cree en la luz que llevas dentro, porque incluso en los días más oscuros, tiene el poder de brillar intensamente y guiarte hacia adelante. ¡Vamos, tú puedes!

Respira profundo y cuenta conmigo.

9.   Bibliografía y lecturas sugeridas.

Ansiedad. (2002). *Mental Health and Behavior.*

https://medlineplus.gov/spanish/anxiety.html

Barnhill, J. W. (s/f). *Introducción a los trastornos de ansiedad.* Manual MSD versión para público general. Recuperado el 28 de febrero de 2024, de https://www.msdmanuals.com/es/hogar/trastornos-de-la-salud-mental/ansiedad-y-trastornos-relacionados-con-el-estr%C3%A9s/introducci%C3%B3n-a-los-trastornos-de-ansiedad

La Teoría de Lazarus y Folkman: Comprendiendo el Estrés y la Respuesta Adaptativa - Psicólogos a tu

alcance en Madrid Capital - Mentes Abiertas Psicología. (s/f). Mentesabiertaspsicologia.com. Recuperado el 10 de marzo de 2024, de https://www.mentesabiertaspsicologia.com/blog-psicologia/blog-psicologia/la-teoria-de-lazarus-y-folkman-comprendiendo-el-estres-y-la-respuesta-adaptativa

Torrades Oliva, S. (2004). Ansiedad y depresión. Evidencias genéticas. *Offarm*, 23(3), 126–129. https://www.elsevier.es/es-revista-offarm-4-articulo-ansiedad-depresion-evidencias-geneticas-13059415

Disponibles en Amazon Kindle

Sumérgete en un Viaje Profundo hacia la Resiliencia Mental.

"Comprender y Superar la Depresión: Cómo Cultivar la Fortaleza Interna y Recuperar el Control de tu Vida"

Descubre la fascinante odisea de la depresión a través de las páginas magistrales de este libro, que va más allá de ser una mera guía, convirtiéndose en un compañero esencial en tu búsqueda de comprensión y superación. Desde las raíces históricas de la psicología clínica hasta las más modernas perspectivas de tratamiento, cada capítulo se despliega como un tapiz que revela las complejidades de la depresión. Desmitifica mitos arraigados, explora la evolución de la conceptualización de la depresión y sumérgete en una evaluación clínica rigurosa. Atrévete a desentrañar la etiología desde la psicodinámica hasta la psiconeuroinmunología, adentrándote en los intrincados aspectos cognitivos, emocionales y conductuales de la depresión. Desde la infancia hasta la vejez, este libro examina cómo la depresión teje su tela en diferentes etapas de la vida, conectándose con trastornos coexistentes y abriendo ventanas a perspectivas de tratamiento innovadoras. Con una mirada hacia el futuro, este compendio culmina en un resumen de conceptos centrales, reflexiones sobre el horizonte del tratamiento de la depresión y, finalmente, mensajes conmovedores de esperanza y recuperación. Equipado con herramientas prácticas, casos reales y perspectivas innovadoras, este libro no solo ilumina el camino hacia la superación, sino que te dota de la fortaleza interna necesaria para enfrentar el desafío de la depresión y recuperar el control de tu vida. No te pierdas esta oportunidad única de transformación personal. Tu viaje hacia la luz comienza con la apertura de estas páginas reveladoras.